Persönlichkeitspsychologie. Grundlagen mit Beispielen

Katharina Hauck

Bibliografische Information der Deutschen Nationalbibliothek:

Die Deutsche Nationalbibliothek verzeichnet diese Publikation in der Deutschen Nationalbibliografie; detaillierte bibliografische Daten sind im Internet über http://dnb.d-nb.de abrufbar.

ISBN: 9783346773289
Dieses Buch ist auch als E-Book erhältlich.

© GRIN Publishing GmbH
Nymphenburger Straße 86
80636 München

Druck und Bindung: Books on Demand GmbH, Norderstedt Germany
Gedruckt auf säurefreiem Papier aus verantwortungsvollen Quellen

Das Buch bei GRIN: https://www.grin.com/document/1299745

Einsendeaufgabe

Modulname: Persönlichkeitspsychologie

Alternative A

Studiengang: B. Sc. Psychologie

Studierende: Katharina Hauck

Inhaltsverzeichnis

Abkürzungsverzeichnis

bspw.	beispielsweise
S.	Seite
sog.	sogenannt
u.a.	unter anderem
Vgl.	Vergleiche
z.B.	zum Beispiel
WHO	Weltgesundheitsorganisation
e.V.	eingetragener Verein
WPGS	Wirtschaftspsychologische Gesellschaft
Zshg.	Zusammenhang

Abbildungsverzeichnis

3

Aufgabe 1 - A 1

1.1 Klassische Gütekriterien für Testverfahren

Die psychologische Diagnostik ist eine Methodenlehre innerhalb der Psychologie und stellt laut Schmitt und Altstötter-Gleich (2010, S.5) ein System von Verfahrensweisen dar, die zudem die Grundlagendisziplin der differenziellen Psychologie angehört. Nicht direkt beobachtbare psychische Merkmale werden laut Schienle (2011, S.50) mithilfe der individuellen Diagnostik mensurabel gemacht. Psychometrische Tests müssen testtheoretisch fundiert und hinsichtlich zentraler psychometrischer Gütekriterien geprüft werden. Die Anforderung, die als Testgütekriterien bezeichnet werden, fassen Krohne und Hock (2015, S. 389) als folgende zusammen:

1. Objektivität bei der Durchführung, Interpretation und Auswertung
2. Reliabilität (Zuverlässigkeit, Messpräzision)
3. Validität (Gültigkeit, Erfassung desinteressierenden Merkmals
4. Nutzen für Beurteilung

Im deutschsprachigen Raum wird hierbei meist auf das Buch von Lienert und Raatz (1989) Bezug genommen.

Objektivität: Becker (2014, S. 108) erklärt, bei der Objektivität eines Messverfahrens handelt es sich um die Unabhängigkeit der Versuchsobjekte von den jeweiligen Rahmenbedingungen. Darunter zu verstehen ist, dass Tests unabhängig von den räumlichen Bedingungen, externen Effekten oder Untersuchungsleitern sein müssen. Zudem ist es üblich, in drei Aspekten zu unterscheiden, wie Krohne et.al (2007, S.29-30) erläutert:

-   **Durchführungsobjektivität:** wird gesichert durch Standardisierung des Testprozesses. Um die Standardisierung zu gewährleisten, sollten alle Merkmale der Test Situation (z.B. Testmaterial, Testanleitung etc.), die sich als relevant für das Resultat belaufen, fixiert werden.

-   **Auswertungsobjektivität:** bezieht sich auf die Registrierung und Kombination der aus dem Test anfallenden Daten

- **Interpretationsobjektivität**: bedeutet, dass unterschiedliche Testauswerter zu den gleichen Auswertungsergebnissen eine gleiche Schlussfolgerung ziehen.

Reliabilität: hierbei wird drauf hingewiesen, dass aus praktischen Gründen lediglich bestimmte Ausschnitte aus dem interessierenden Verhaltensbereich betrachtet werden. Becker (2014, S. 108) fügt hinzu, dass hierbei unterschieden werden muss:

➢ **Interne Reliabilität**: bezieht sich auf inhaltliche Homogenität wobei das Maß zwischen -1 und + 1 angenommen werden kann. Als Beispiel gilt ein Wert von 0,7 als akzeptables Maß an interne Reliabilität.

➢ **Retest-Reliabilität**: misst die Reliabilität über eine Zeitspanne hinweg bspw. Beschäftigung mit Einstellungen oder Verhaltensweisen. Retest-Reliabilität gilt als akzeptabel, wenn Probanden nach einem bestimmten Zeitraum nach der ersten Testanwendung erneut getestet werden und beide Werte der Testanwendungen positiv leicht über 0,7 liegen.

Validität: überprüft ob der angewendete Test das Merkmal, dass er messen soll, auch tatsächlich misst. Pospeschill (2014, S.24) weist darauf hin, dass bei einer gegebenen Validität die Testergebnisse dazu berechtigen, das in der Testsituation gezeigte Verhalten der Testperson auf beobachtbares Verhalten außerhalb der Testsituation zu generalisieren. Somit gilt dies als wichtigstes Maß. Hierbei wird in 3 Validitätsformen unterschieden:

Inhaltsvalidität: bedeutet *[...] inwieweit ein Test oder ein Testitem das zu messende Merkmal repräsentativ erfasst.* (Moosbrugger & Kelava, 2011, S.13). In der Regel wird Inhaltsvalidität nicht anhand eines Maßes bestimmt, sondern aufgrund logischer und fachlicher Überlegungen.

Kriteriumsvalidität: wird laut Becker (2014, S. 108) bestimmt über das Ausmaß, in dem das Verfahren Beziehungen zu weiteren relevanten Messergebnissen aufweist.

Konstruktvalidität: bedeutet, dass *[...] der Rückschluss vom Verhalten der Testperson innerhalb der Testsituation auf zugrunde liegende psychologische Persönlichkeitsmerkmale [...] wie Fähigkeiten, Dispositionen, Charakterzüge, Einstellungen wissenschaftlich fundiert ist* (Moosbrugger & Kelava, 2011, S.16).

Normierung: Pospeschill (2010, S.28) erläutert, dass die Normierung zielführend ist um ein Bezugssystem aktueller Vergleichswerte von Personen bereitzustellen die der zuvor getesteten Person anhand festgelegter Merkmale am ähnlichsten ist. Mittels dieser Daten erfolgt die Interpretation der Ergebnisse in Bezug auf die Fragestellung ob die getestete Person zur Norm, unterhalb oder oberhalb der Norm zugehörig ist.

Testökonomie/Wirtschaftlichkeit: bezieht sich auf die Wirtschaftlichkeit eines Tests und wird durch die Kosten bestimmt, die bei einer Testung entstehen. Dies wird laut Moosbrugger und Kelava, (2011b, S.21) erfüllt, wenn gemessen am diagnostischen Erkenntnisgewinn, relativ wenig finanzielle und zeitliche Ressourcen beansprucht werden.

Das Testkuratorium der Föderation deutscher Psychologenvereinigung legten 1986 folgende Gütekriterien fest:

Zumutbarkeit: *„Ein Test erfüllt das Kriterium der Zumutbarkeit, wenn er absolut und relativ zu dem aus seiner Anwendung resultierenden Nutzen die zu testende Person in zeitlicher, psychischer sowie körperlicher Hinsicht nicht über Gebühr belastet."* (Moosbrugger & Kelava, 2011b, S.22). Psychologische Tests müssen somit so gestaltet und durchgeführt werden, dass die Testperson bezüglich des Zeitaufwandes, des physischen und psychischen Aufwandes geschont wird.

Fairness: [...] *„alle Teilnehmer haben die gleichen Chancen, es gibt keine Benachteiligung von bestimmten Personengruppen „[...]* erklärt Satow (2018, S. 10).

Skalierung: *„Ein Test erfüllt das Gütekriterium der Skalierung, wenn die laut Verrechnungsregel resultierenden Testwerte die empirischen Merkmalsrelationen adäquat abbilden"* (Moosbrugger & Kelava, 2011b, S.18). Die Skalierung dient dazu die Testergebnisse in einem Skalenniveau darstellen zu können.

1.2 Histrionische Persönlichkeitsstörung – verstehen und diagnostizieren

Persönlichkeitsstörungen sind i. Allg. allgegenwärtige, andauernde Muster der Wahrnehmung, Reaktion und Beziehung, die erheblichen Leidensdruck oder Funktionsbeeinträchtigungen hervorrufen. Persönlichkeitsstörungen unterscheiden sich deutlich in ihrer Manifestationen, aber von allen wird angenommen, dass sie durch eine Kombination von genetischen und Umgebungsfaktoren verursacht werden. Viele werden mit dem Alter allmählich weniger gravierend, aber bestimmte Merkmale können bis zu einem gewissen Grad anhalten, wenn die akuten Symptome, die zur Diagnose einer Erkrankung geführt haben, abgeklungen sind.(Andrew Skodol ,2018)

Zur Diagnostik von Störungen werden zwei sog. Klassifikationssysteme verwendet. Das ICD (Internationale statistische Klassifikation der Krankheiten und verwandter Gesundheitsprobleme) wird bevorzugt als ICD-10 in therapeutischen Praxen eingesetzt, wohingegen das DSM (Diagnostisches und statisches Manual psychischer Störungen) im wissenschaftlichen Kontext eingesetzt wird, da dies zudem laut Asendorpf und Neyer (2012, S.115) besser fundierte diagnostische und klarer formulierte Kriterien aufweist. Im DSM-V wird die Klassifikation psychischer Störungen in fünf Achsen aufgeteilt, sodass laut Wirtz (2017) eine diagnostische Einschätzung auf mehreren Ebenen möglich ist. Rentzsch et. al. (2011, S.28) listen die folgenden Achsen und deren Zuordnung wie folgt auf:

➢ Achse I: Klinische Störungen, z.B. Schizophrenie, affektive Störungen, Demenz
➢ Achse II: Persönlichkeitsstörungen und geistige Behinderung
➢ Achse III: körperliche Störungen und Zustände
➢ Achse IV: psychosoziale Belastungsfaktoren
➢ Achse V: höchstes Niveau der sozialen Anpassung im letzten Jahr

Die Persönlichkeitsstörungen befinden sich in dieser Anordnung auf Achse II und sind hierbei in drei Clustern (A, B, C) unterteilt. Caspar (2017) weist darauf hin, dass alle Persönlichkeitsstörungen ein umfassendes und überdauerndes Muster von innerem Erleben und Verhalten ausweisen, das merklich von den Erwartungen der soziokulturellen Umgebung abweicht. Wagner (2016, S.14) erklärt, dass diese Verhaltensweisen in einer Vielzahl von Situationen als unpassend deklariert werden und damit meist ein erhöhtes Ausmaß persönlichen Leidens und/oder gestörter sozialer Funktionsfähigkeit für die betroffene Person einhergeht. Die histrionische Persönlichkeitsstörung wird im DSM-IV-TR zur Gruppe B eingeordnet und ist daher zugehörig zu den Störungen, die als dramatisch, darstellend, emotional und abirrend beschrieben werden. Horowitz und Lerner et.al (2018, S.184) erklären, dass sich die Bezeichnung histrionisch aus dem Lateinischen für das Wort „Schauspielerei" ableitet.

Personen mit einer histrionischen Persönlichkeitsstörung beschreibt Sachse et.al. (2021, S. 10) als übertrieben emotional. Sie empfinden entweder extreme Freude oder extreme Betrübnis, wodurch sie von Interaktionspartnern als unauthentisch wahrgenommen werden. Sachse et.al. (2021, S. 10-11) betont, dass Menschen mit einer histrionischen Persönlichkeitsstörung als sehr kontaktfreudig und extrovertiert, aufmerksamkeitssuchend und manipulativ gelten. Die histrionische Persönlichkeit zielt jedoch laut Horowitz und Lerner et.al. (2018, S.189) nicht bewusst darauf ab Gesprächspartnern etwas vorzuspielen, sondern vielmehr sind den betroffenen Personen diese Täuschungsmanöver nicht bewusst.

Mögliche Ursachen können das Zusammenwirken von biologischen und psychologischen Prozessen mit Umweltfaktoren sein. Pro Psychotherapie e.V. (2021) erklärt, dass aus psychoanalytischer Sicht in der Kindheit die Beziehung zu den Eltern gestört wurde. Demnach haben sich die Eltern kalt und kontrollierend verhalten und die Betroffenen haben sich nicht wertgeschätzt gefühlt, wodurch das Gefühl der Angst verlassen zu werden verstärkt wurde. Hierzu führt Patenge (2015, S.9) weiter aus, dass [...] *wenn ein lebhaftes, temperamentvolles und energiegeladenes Kind in der Phase der Realitätsfindung zwischen dem 4.– 6. Lebensjahr in diesen Grundbedürfnissen häufig frustriert wird, dann kann sich eine histrionische Persönlichkeitsstruktur so weiterentwickeln, dass sie sich verfestigt und zu einer Belastung wird.*

Dadurch entwickeln Betroffene eine ausgeprägte Selbstwertproblematik. Indem Sie sich übertrieben emotional Verhalten erhoffen Sie sich Aufmerksamkeit und Unterstützung Ihrer Mitmenschen.

Aus Sicht der kognitiven Verhaltenstherapie, erklärt Pro Psychotherapie e.V. (2021) könnte dieses Verhalten gekoppelt mit der ständigen Beschäftigung mit sich selbst dazu führen, dass weniger Platz für objektives Faktenwissen oder genaue Erinnerungen bleibt.

Das könnte der Grund der vagen, wenig detaillierten Denk- und Sprechweise und der starken Beeinflussbarkeit sein.

Um die Diagnose einer histrionischen Persönlichkeitsstörung festlegen zu können, müssen mindestens fünf der acht folgenden Kriterien laut Maltby et.al. (2011, S.822) vorliegen:

> ➤ Unbehagen in Situationen, in denen die Person vermutet, dass sie nicht im Mittelpunkt des Geschehens steht.
>
> ➤ In zwischenmenschlichen Interaktionen tritt sexuell verführerisches oder provokantes Verhalten auf.
>
> ➤ Extremer Einsatz des eigenen Aussehens, um Aufmerksamkeit auf sich selbst lenken zu können.
>
> ➤ Übertriebener impressionistischer Sprachstil durch das Darlegen von Eindrücken statt von Fakten, Mangel an Details in Äußerungen.
>
> ➤ Übertrieben selbstdramatischer und hoch emotionaler Ausdruck.
>
> ➤ Leichte Beeinflussbarkeit durch Menschen oder Umstände.
>
> ➤ Fehleinschätzungen von persönlichen Beziehungen, da sie als intimer betrachtet werden als sie in Wirklichkeit sind.

Zusätzlich zu den Hauptmerkmalen können nach ICD-10 weitere Merkmale vorkommen, die aber für die Diagnosestellung nicht unbedingt erforderlich sind. *Dazu gehören ein egozentrisches und selbstbezogenes Verhalten, ständiges Verlangen nach Anerkennung, eine fehlende Bezugnahme auf andere, eine leichte Verletzbarkeit und ständiges manipulatives Verhalten.* (Histrionische Persönlichkeitsstörung, 2021)

Sachse et.al. (2021, S. 11) erklärt, dass die Prävalenz der histrionischen Persönlichkeitsstörung in der Bevölkerung mit 2% angegeben wird. Allerdings liegen unterschiedliche Ergebnisse bezüglich der Stabilität der Symptome vor. So gehen einige Studien davon aus, dass die Symptome am stärksten in der Jugendzeit ausgeprägt sind und mit zunehmendem Alter abbauen. Die Ergebnisse von Crawford (2001) legen allerdings nahe, dass für histrionische Klienten typische Symptome über ein Intervall von c.a. 18 Jahren sehr stabil sind. Zudem weisen verschiedene Studien z.B. von Johnson, Cohen, Kasen und Brook (2006) auf, dass Zusammenhänge zwischen histrionischen Symptomen im Jugendalter und dem Risiko der Entwicklung einer Essstörung bestehen. Zudem könnte es das Suizidrisiko bei einer bipolaren Störung erhöhen.

2. Aufgabe - A 2

2.1 Zusammenhang zwischen Persönlichkeit und Gesundheit

Laut Faltermaier (2005, S.10) handelt es sich bei dem Konzept der Gesundheit um eine soziale Konstruktion, die nach herrschenden Lebensvorstellungen einer Gesellschaft und sozialem Kontext unterschiedlich bestimmt wird. Becker (2010, S.23) legt nahe, dass sich die Gesundheit nicht nur auf das körperliche Wohlbefinden, sondern auch auf psychische Gesundheit und soziales Wohlbefinden bezieht. Die bekannteste Definition von Gesundheit: „ein Zustand vollständigen körperlichen, seelischen und sozialen Wohlbefindens und nicht nur das Freisein von Krankheit oder Gebrechen" stammt von der WHO laut Rieländer (1997). Diese Definition gilt als Meilenstein in der Annäherung an das Konzept der Gesundheit, da sie

die Gesundheit als ein mehrdimensionales Konzept erfasst. Faltermaier (2005, S.35) legt fest, dass sich Gesundheit nicht lediglich auf das Befinden einer Person, sondern ebenfalls auf das Handlungspotenzial bezieht und ein gesunder Mensch sich dadurch auszeichnet, alltägliche Handlungsfähigkeit sowie Leistungsfähigkeit in Zusammenhang mit Anforderungssituationen ausführen zu können.

Bengel und Jerusalem (2009, S.51) regen an, dass Gesundheit immer in einer Wechselwirkung von Person und Umwelt steht. Daher ist Gesundheit nicht statistisch zu betrachten, sondern in einem ständigen Wandel, sodass dieses Gleichgewicht immer wieder neu hergestellt werden muss. Die Änderung des Gesundheitszustands kann hierbei kurzfristig (von Tag auf Tag) und langfristig (über die Lebenszeit) betrachtet werden. Laut Faltermaier (2005) deuten nicht nur vermehrt empirische Ergebnisse auf den Einfluss psychischer Faktoren auf organische Erkrankungen hin, sondern auch die Überzeugung, dass nicht nur Gesundheitsprobleme, sondern auch die Behandlung sowie der Verlauf einiger Krankheiten durch psychische Faktoren behandelbar sind, setzte sich durch.

Einzelnen Persönlichkeitsmerkmalen wird ein Einfluss auf die körperliche und psychische Gesundheit zugesprochen. Der Zusammenhang liegt nahe, da Persönlichkeitsmerkmale relativ stabiles und konsistentes Erleben und Verhalten beschreiben, deren Beständigkeit eine Wirkung auf die Gesundheit erwarten lässt. Maltby et. al. (2011, S. 851-852) unterscheidet vier verschiedene Modelle wie Persönlichkeit und Gesundheit zusammenhängen können:

1. Werden Persönlichkeitseigenschaften als biologisch basierte individuelle Unterschiede aufgefasst, kann ein direkter Zusammenhang von Persönlichkeit und Gesundheit, sowie

Krankheit bestehen. Diese Vorstellung legt nahe, dass biologische Aktivitäten (Entwicklung psychischer Erkrankung und Verlauf) direkt von der Persönlichkeit beeinflusst werden. Die Kardiologen Friedman und Rosenman (1974) fanden heraus, dass es Persönlichkeitseigenschaften gibt, die gesundheitsgefährdende Verhaltensweisen hervorbringen können und benannten diese Typ-A-Muster. Menschen vom Typ-A weisen hierbei einige toxische Verhaltensmuster auf, die charakterisiert sind durch bspw. starken Leistungsdrang, innere Ruhelosigkeit (durch übertriebenen Zeitdruck und Eile), Aggressivität und Feindseligkeit. Menschen, denen ein Typ-A-Muster identifiziert wird, haben ein höheres Risiko, an koronaren Herzkrankheiten zu erkranken als Typ-B-Menschen, denen wiederum zugesagt wird, zufriedener und entspannter zu sein. Aus einigen Studien geht demnach hervor, dass Gesundheit und Persönlichkeit in einer kausalen Beziehung stehen.

2. In diesem Modell wird von einem korrelativen Zusammenhang zwischen Persönlichkeit und Gesundheit ausgegangen. Das heißt, dass sowohl Persönlichkeit als auch Gesundheit eine biologische Ursache zugesprochen wird. Weber und Vollmann (2005, S.526) erklären, dass darunter zu verstehen ist, dass eine genetische Veranlagung für die Krankheit als auch für die Persönlichkeit verantwortlich ist. Dieses Modell kann ebenfalls mit koronaren Herzkrankheiten in Verbindung gebracht werden wobei diesmal der Krankheit eine biologische Ursache gesprochen wird. Demnach ist es möglich, dass eine Person genetisch anfällig für die Entwicklung einer Krankheit ist, wobei das Gen zuzüglich zur Prädisposition (ausgeprägte Anfälligkeit für bestimmte Krankheiten) zu feindseligem Verhalten führen kann.

3. Als Weiteres wird davon ausgegangen, dass die Persönlichkeitseigenschaft die Voraussetzung einer negativen Verhaltensweise ist, welche das Risiko zu erkranken erhöhen kann. Demnach neigen Persönlichkeiten mit einer geringen Gewissenhaftigkeit laut Segerstrom (2000, S.185) typischerweise dazu Alkohol, Drogen und/oder Nikotin zu konsumieren, sowie eine ungesunde Ernährung zu bevorzugen. Auch die Persönlichkeitseigenschaft Sensation-Seeking kann Menschen dazu tendieren lassen, aufregende Erfahrungen z.B. in Form von Einnahme von Drogen zu erzeugen oder durch riskantes Verhalten ihre körperliche Unversehrtheit selbst zu gefährden.

4. Weber & Vollmann (2005, S.527) legen zu diesem Modell nahe, dass eine Persönlichkeitsveränderung als Folge einer Krankheit entstehen kann. So geben bspw. Patienten die an einem Gehirntumor erkrankt sind an, Veränderungen in ihrer

Stimmungslage zu bemerken, sowie in anderen Aspekten zu ihrer Persönlichkeit. Heckhausen und Schulz (1995, S.853) geben hierzu an, dass eine akute gesundheitliche Krise mit signifikanten psychologischen Auswirkungen einhergeht.

2.2 Das Konzept des „Optimismus"

Bei Optimismus handelt es sich laut Renner und Weber (2005, S.446) um *[...] eine positive Erwartung im Hinblick auf zukünftige Entwicklungen [...]*. Becker (2014, S. 35) erläutert hierzu, dass vor allem hohe, positive Zusammenhänge zwischen einer optimistischen Grundhaltung und subjektivem Wohlbefinden hinsichtlich der Konfrontation mit belastenden Ereignissen auftreten, wodurch zu schließen ist, dass eine optimistische Haltung dazu beiträgt effizienter mit Stress (auch in Zshg. mit ernsten Erkrankungen) umgehen zu können. Hierbei ist es signifikant zu erwähnen, dass die Gesundheitspsychologie Stress als einen potenziell krankmachenden Prozess ansieht.

Schwarzer und Renner (1997, S.45) regen an, dass [...] *„wenn es darum geht, die persönliche Wahrscheinlichkeit für das Eintreffen einer Gefahr anzugeben, dann unterschätzt man sie leicht, indem man glaubt, man sei weniger verwundbar als andere Menschen"*. Dies unterliegt einer sog. kognitiven Verzerrung und wird als "unrealistischer Optimismus" bezeichnet. Daraus wird geschlossen, dass "unrealistischer Optimismus" die Bestrebung um eine wirksame Gesundheitsförderung erschwert. Zahlreiche Forschungsbefunde zeigen, dass Optimisten im Durchschnitt gesünder sind und mehr förderndes Gesundheitsverhalten praktizieren als Pessimisten. Vollmann und Weber (2005, S.439) geben hierzu an, dass Optimisten ein flexibles und situationsangemessenes Bewältigungsverhalten verwenden, das in Zshg. mit einer positiven Auswirkung auf das Immunsystem bezogen wird. Hierbei handelt es sich um zwei theoretische Konzepte von Optimismus die von Schwarzer und Renner (1997, S.49) erklärt werden. Zum einen der defensive Optimismus, bei dem es sich um die Abwehr von Bedrohungen handelt die wiederum zu Fehleinschätzungen von gesundheitlichen Risiken führen. Und zum anderen, um den funktionalen Optimismus der einschließt, dass Verhaltensweisen angenommen und durchgeführt werden, die die Gesundheit langfristig fordern. Unter dem Begriff "defensiver Optimismus" kategorisieren Schwarzer und Renner (1997, S.47) Verzerrungen, die eine Unterschätzung der eigenen Gefährdung darstellen. Es wurde auch vorgeschlagen, dies als „naiven Optimismus" zu bezeichnen, (Epstein, 1988) da der Mensch davon ausgeht, dass auf sein Verhalten keine negativen Konsequenzen folgen werden. Schütz und Hoge (2007, S.39) berichten über eine Studie von Peterson (1988) zum Thema „positives Denken und Gesundheit" in der Studierende anhand von Fragebögen dem optimistischen oder pessimistischen Muster eingeordnet wurden. Teil des Fragebogens war auch eine Angabe der Studierenden wie häufig sie in den vergangenen dreißig Tagen z.B. an Kopf- oder Halsschmerzen litten. Einen Monat später sollten die Studierenden die Krankheitszeichen angeben, die bei Ihnen seit der letzten Erhebung auftraten. Die Auswertung ergab, dass Optimisten an drei bis vier von dreißig Tagen an einem den Symptomen gelitten haben und die Pessimisten an acht bis neun Tagen. Seither konnte eine Vielzahl von Studien eine Beziehung zwischen positivem Denken und der körperlichen Verfassung bestätigen.

2.3 Drei Handlungsempfehlungen an Führungskräfte um Optimismus der Mitarbeiter zu berücksichtigen

„Würde sich jede Führungskraft im täglichen Tun an ihr Wissen erinnern, dass Höchstleistungen der Mitarbeiter über das Gefühl von Anerkennung und Wertschätzung zu generieren sind, gäbe es keine unzufriedenen Mitarbeiter mehr." (Buchenau, 2018, S.5).

Optimismus hängt mit hoher Arbeitsmotivation zusammen: Wer glaubt, „Ich habe ein gutes Team, ich habe Glück gehabt, die anderen wollen mich unterstützen und mögen meine Ideen!" arbeitet laut WPGS (2020) engagierter. Litzcke (2017, S.355 zitiert nach Vetter & Gockel 2016) unterstreicht den Einsatz von Humor als wichtiges Führungselement, da es zum Sicherheitserleben der Mitarbeiter beiträgt und dadurch geplante Veränderungen mit einer Leichtigkeit übermittelt werden. Die wiederum signalisieren, dass die bevorstehende Veränderung bewältigt werden kann und somit zum Optimismus der Mitarbeiter beiträgt.

Weidner (2017, S. 174) spricht von einem Interaktionismus, der optimistische sowie pessimistische Erwartungen auslösen kann. Dies ist zu erreichen, indem der Optimist das gezielte positive Bild aktiv vermittelt und sich in dem Moment bestätigt fühlt, wenn er die gewünschte Aufgabe übertragen bekommen hat. Der nächste Punkt zur aktiven Steigerung des Optimismus gelingt laut Weidner (2017, S.149) durch die Verabschiedung von Vorurteilen. So heißt es, dass Vorurteile kränken, Pessimismus fördert und bei der Bewertung von Kunden und Geschäftspartner in die Irre führen können. Optimisten hingegen reflektieren ihre kurzzeitigen Vorurteile im inneren Monolog und bewahren sich somit vor unangenehmen Situationen.

Die Ähnlichkeitshypothese schafft laut Weidner (2017, S.155-156) Vertrauen und fördert den Optimismus. Dies gelingt indem man die Gemeinsamkeiten, die man mit dem Gesprächspartner/Mitarbeiter findet auslotet. Dem liegt zugrunde, dass man Menschen mit gegenteiliger Meinung distanzierter begegnet und daher die Kommunikation als anstrengend empfunden wird. Allerdings betont Weidner, dass diese Strategie manipulativ von Geschäftspersonen genutzt werden kann und die somit vermeintliche Gemeinsamkeit auf zuvor getätigter Recherche beruht.

Narjes und Feltz (2010, S.65) kommen außerdem zu dem Schluss, dass Führungskräfte den Optimismus ihrer Mitarbeiter fördern, indem sie die in der gewünschten Richtung zu erzielenden Ergebnissen klar kommunizieren und sichtbar machen. Außerdem führt eine gezielte Konzentration laut Narjes und Feltz (2010, S.66) auf das, was funktioniert, zur Erweiterung der Kernfähigkeiten von einzelnen Mitarbeitern und ermöglicht das Arbeiten mit einem Minimum an Energieverlust. Hinzu kommen die Stärken und Potenziale von Menschen bewusst zu erfassen, wertzuschätzen und mit ihnen zu arbeiten. Narjes und Feltz (2010, S.67) schlagen zu dieser Förderung vor, den Menschen interessante und abwechslungsreiche Aufgaben zu erteilen. Das führt bei den Mitarbeitern zu anhaltenden Erfolgssituationen und einer damit verbundenen optimistischen Zukunftserwartung.

Aufgabe 3 - A 3
3.1 Modell der 16 Persönlichkeitseigenschaften nach Cattell

Die Persönlichkeit umfasst alle überdauernden, stabilen Eigenschaften, Werte, Neigungen, Fähigkeiten und Verhaltensmuster (Gewohnheiten), die eine Person im Kern auszeichnen. Dabei ist es eine umstrittene Frage, ob diese Eigenschaften unabhängig voneinander sind oder gehäuft als Typen auftreten. Auch die Anzahl der wichtigsten Persönlichkeitseigenschaften war lange umstritten (vgl. Skupinski, 2017). Cattells Theorie beruht auf der Annahme, dass Persönlichkeitseigenschaften relativ zeitstabil sind und die Stabilität über verschiedene Situationen hinweg anhält. Somit ist laut Schmitt und Altstötter-Gleich (2010, S.85) eine Besonderheit Cattells, die systematische Unterscheidung in Persönlichkeitseigenschaften (= Traits – relativ breite und stabile Disposition zu bestimmten Verhaltensweisen, die konsistent in verschiedenen Situationen auftreten) und Persönlichkeitszuständen (= States – vorübergehendes Phänomen) sowie deren konsequente Berücksichtigung für die Vorhersage und Erklärung von Verhalten. Schmitt und Altstötter-Gleich (2010, S.83) erfassen, dass Cattell wie auch andere Eigenschaftstheoretiker (z.B. Eysenck) von einer hierarchischen Struktur der Persönlichkeit ausgeht, sodass er Traits nach inhaltlichen Gesichtspunkten unterscheidet (vgl. Amelang, & Bartussek, 1985, S.65):

1. Fähigkeiten: wie fähig eine Person etwas macht bzw. eine Aufgabe erfüllt

2. Temperamentseigenschaften: wie eine Person etwas macht in Beachtung stilistischer und formaler Aspekte wie z.b. Ausmaß an Emotionalität oder Impulsivität im Umgang mit Anderen.

3. Dynamische Eigenschaften: warum eine Person etwas macht – Triebkräfte des Verhaltens

- ergic drives: biologischer Verankerung wie Sexualität, Angst, Selbstbehauptung

- sentiments: Einstellungen, Haltungen oder Attitüden

- Role Traits: resultieren aus Zugehörigkeit der Person zu einer Gruppe (z.b.   Familie, Verein, Kollegen)

Ein weiteres Novum der Arbeit Cattell`s ist die große Breite und Vielfalt an Datenquellen, um Informationen über die Persönlichkeit des Menschen zu erfassen. Laut Schmitt und Altstötter-Gleich (2010, S.84) hielt Cattell folgende Daten für relevant und unverzichtbar:

1. L-Daten: (L=Life) Verhalten im alltäglichen Leben wie z.b. betreiben von Hobbys, schulische Leistung, Ehrungen und Auszeichnungen oder im Gegensatz dazu polizeilich registrierte Straftaten. Daten werden mittels Lebensprotokolle erhoben sowie durch Auszüge aus Registern und Archiven. Cattell greift oft auf Fremdbeschreibungen (Einschätzungen von Bekannten und Verwandten der Person) zurück, da sich diese auf Beobachtungen des alltäglichen Verhaltens der Person stützen und diese laut Cattell, beiläufig anfallen und daher als authentisch und aussagekräftig zu evaluieren sind.

2. Q-Daten: (Q=Questionnaire) Daten werden durch Selbstbeschreibung der Persönlichkeit oder dem Verhalten mittels Fragebögen und Selbstberichten gewonnen.

3. T-Daten: (T=Test) Daten die aus Testergebnissen, Aufgabenerledigungen und Versuchen erschlossen und als Leistung bzw. Verhaltensbeobachtungen erhoben werden können. Zu den Verhaltensweisen (die für die getestete Person nicht immer ersichtlich ist) gehören bspw. physiologische Maße wie Hautleitfähigkeit, Pulsfrequenz, Lösungszeit für eine bestimmte Aufgabe etc.

Gordon Allport (1897-1967) und Henry Sebastian Odbert stellten im Jahr 1936, 18.000 Adjektive zusammen, die individuelle Unterschiede beschreiben. Becker (2014, S.43) erwähnt, dass Sie dabei erkannten, dass diese Liste durch das Aussortieren von synonymen Begriffen verkürzt werden müsste. Cattell verwendete die von Allport und Odbert zusammengestellten 4500 Begriffe für stabile Persönlichkeitseigenschaften und reduzierte diese in mehreren Schritten, um den gesamten Persönlichkeitsbereich mittels einer handhabbaren Menge an redundanten Eigenschaften abzudecken.

Das Ergebnis seiner Untersuchungen ist das 16-Faktoren-Modell (16 PF/16 Persönlichkeitsfaktoren). Schmitt und Altstötter-Gleich (2010, S.88) weisen darauf hin, dass vier der 16 Faktoren nur auf Q-Daten basieren, für die Cattell Q1-Q4 verwendet die restlichen 12 Faktoren aber mit fortlaufenden Buchstaben gekennzeichnet sind wobei fehlende Buchstaben (E, J, K) anzeigen, dass es im Entwicklungsprozess des 16 PF 3 Faktoren gab, die in Nachfolgeuntersuchungen nicht repliziert werden konnten. Dadurch kommen diese im endgültigen System nicht mehr vor.

16 Persönlichkeitseigenschaften	Faktor	Pol 1	Pol 2
Wärme	A	Sachorientierung	Kontaktorientierung
Logisches Schlussfolgern	B	Kontretes Denken	Abstraktes Denken
Emotionale Stabilität	C	Emotionale Störbarkeit	Emotionale Widerstandsfähigkeit
Dominanz	D	Soziale Anpassung	Sebstbehauptung
Lebhaftigkeit	F	Besonnenheit	Begeisterungsfähigkeit
Regelbewusstheit	G	Flexibilität	Pflichtbewusstsein
Soziale Kompetenz	H	Zurückhaltung	Selbstsicherheit
Empfindsamkeit	I	Robustheit	Sensibilität
Wachsamkeit	L	Vertrauensbereitschaft	Skeptische Haltung
Abgehobenheit	M	Pragmatismus	Unkonventionalität
Privatheit	N	Unbefangenheit	Überlegtheit
Besorgtheit	O	Selbstvertrauen	Besorgtheit
Offenheit für Veränderung	Q1	Sicherheitsinteresse	Veränderungsbereitschaft
Selbstgenügsamkeit	Q2	Gruppenverbundenheit	Eigenständigkeit
Perfektionismus	Q3	Spontaneität	Selbstkontrolle
Anspannung	Q4	Innere Ruhe	Innere Gespanntheit

Diese Tabelle ist eine eigene Zusammenstellung und enthält Informationen von Becker (2014, S.44) sowie von Schmitt und Altstötter-Gleich (2010, S.88) die wiederum darauf hinweisen, dass die Subskalen (Pol 1 & Pol 2) von Schneewind, Schröder und Cattell (1986) ins Deutsche übersetzt und zusammengefasst wurden.

Anhand mehrerer Q-Datensätze extrahiert Cattell aus 16 Primärfaktoren 4 Sekundärfaktoren. Matlby et al. (2011, S.305-306) weist darauf hin, dass der Test heute als 16 PF-R bezeichnet wird, wobei die Bezeichnung "R" für die revidierte Fassung des Tests gilt.

3.2 Relevanz des Modells in der Personalauswahl

Bernd (2011, S.12) zufolge gibt es kaum ein psychologisches Instrument der Personalarbeit, das ohne eine genaue Vorstellung von beruflichen Anforderungen auskommt. Zudem wird erwähnt, dass Anforderungen bekannt sein müssen um z.b. den Personalbedarf eines Unternehmens hinsichtlich Umfangs und Qualifikation zu prognostizieren, um Mitarbeiter auf bestimmte Aufgaben vorzubereiten, sie zu schulen und zu beraten, um Arbeit angemessen und fair zu vergüten und um Bewerber nach ihrer Eignung zu selektieren. Das Ergebnis eines Personalauswahlprozesses kann deshalb nur so gut sein wie die Qualität der Anforderungsanalyse. Hierzu werden laut Becker (2014, S.67) Wissensstände der Personalpsychologie herangezogen, die sich damit befassen Analysen und Erklärungen interindividueller Unterschiede von Verhalten, Leistung, Entwicklungsmöglichkeiten und Eignungsmerkmalen von Bewerbern und Arbeitstätigen aufzustellen. Demnach basiert eine wissenschaftlich begründete Personalauswahl auf dem Verständnis der Struktur und Dynamik der Leistungsmotivation sowie der Ableitung und Erhebung eignungsrelevanter Merkmale in der Anforderungsanalyse. Becker (2014, S.68) stellt somit fest, dass sobald man sich des zu erwartenden Nutzens der Persönlichkeitstests bewusst ist, steht dem Einsatz dieses Verfahrens nichts im Wege, wenn diese zudem nicht als alleinige Informationsquelle herangezogen werden.

Hierbei unterstützt Cattell's Modell die Unternehmen effizient bei Entscheidungsprozessen in der Personalauswahl, da (wie in Punkt 3.1 erfasst) durch den 16-PF-R-Fragebogen eine umfassende Persönlichkeitsdiagnostik erstellt werden kann. Hossiep und Mühlhaus (2015, S.63) weisen darauf hin, dass aufgrund der größeren Anzahl von Dimensionen, Persönlichkeits-Struktur-Tests wie bei dem 16 PF eine längere Bearbeitungszeit beanspruchen und daher in den Ergebnissen mehr Breite und Tiefe bieten. Von der Linde und Schustereit, (2010, S.165) weisen allerdings darauf hin, dass der 16 PF lediglich als ein unterstützendes Messinstrument eingesetzt werden sollte, da er nicht für die Berufspraxis ausgelegt wurde und daher die Dimensionen des Tests nicht spezifisch auf diesen Bereich ausgelegt sind.

3.3 Eigene Eischätzung der relevantesten Eigenschaften für Verkaufsmitarbeiter

In der Personalauswahl eines Verkaufsmitarbeiters halte ich die Eigenschaft „Emotionale Stabilität" als besonders relevant. Diese Eigenschaft ermöglicht es dem Verkaufsmitarbeiter, sozial verträglicher mit Stress umzugehen und weniger stark auf die negativen Emotionen anderer Menschen zu reagieren, mit denen Verkäufer durchaus konfrontiert werden können durch bspw. unzufriedene Kunden.

Eine zudem wichtige Eigenschaft eines Verkaufsmitarbeiters ist die „Soziale Kompetenz". Diese hilft in bspw. stressigen Situationen mit Kunden gefasst und zielführend zu reagieren. Außerdem beinhaltet diese Eigenschaft das aufmerksame Zuhören von (in diesem Fall) Kundenwünschen und das nachfolgende Verständnis, um den Kunden das richtige Produkt zu empfehlen.

Literaturverzeichnis

Amelang, M, & Bartussek, D. (1985) *Differentielle Psychologie und Persönlichkeitsforschung.* Kohlhammer-Verlag.

Asendorpf, J. B. & Neyer, F. J. (2012). *Psychologie der Persönlichkeit,* (Springer-Lehrbuch) (5. Aufl.). Springer Verlag.

Becker, B. (2014). *Grundlagen der differenziellen und Persönlichkeitspsychologie,* (1. Aufl.), Studienbrief der SRH Fernhochschule, Riedlingen.

Bernd, M. (2011). *Personalpsychologie.* VS Verlag für Sozialwissenschaften.

Buchenau, P. (2018). *Chefsache Erfolg.* Springer Publishing.

Caspar, F. (2017). *Persönlichkeitsstörung – Dorsch - Lexikon der Psychologie.* Dorsch – Lexikon der Psychologie. https://dorsch.hogrefe.com/stichwort/persoenlichkeitsstoerung#search=094492d00da09f09f9 97e20fde7a910c&offset=0.

Faltermaier, T. (2005). *Gesundheitspsychologie.* (2.Aufl.). W. Kohlhammer Verlag.

Feltz, N. & Narjes, F. (2010). *Fishing for Careers.* Leske + Budrich. Haufe Verlag.

Heckhausen, J.& Schulz, R. (1995). *A life-span theory of control.* Psychological Review.

Hossiep, R. & Mühlhaus, O. (2015). *Personalauswahl und -entwicklung mit Persönlichkeitstests* (Praxis der Personalpsychologie, Band 9) (2., vollständig überarbeitete und erweiterte Auflage 2015 Aufl.). Hogrefe Verlag.

Krohne, H. W., Hock, M., Heuer, H., Schneider, S., Tack, W. H., Hasselhorn, M., Kunde, W. & Rösler, F. (2007). *Psychologische Diagnostik: Grundlagen und Anwendungsfelder.* Kohlhammer Verlag.

Lienert, G. A. & Raatz, U. (1998). *Testaufbau und Testanalyse* (6. Aufl.). Beltz.

Litzcke, S. (2017). *Führungskompetenzen lernen – Eignung, Entwicklung, Aufstieg.* Schäffer – Poeschel Verlag.

Maltby, J. & Day, L., Macaskill, A. (2011). *Differentielle Psychologie, Persönlichkeit und Intelligenz.* Pearson Studium.

Moosbrugger, H. & Kelava, A. (2011). *Testtheorie und Fragebogenkonstruktion.* (2. Aufl.). Springer Verlag.

Moosbrugger, H. & Kelava, A. (2011b). *Testtheorie und Fragebogenkonstruktion* (2., aktual. u. überarb. Auflage 2012 Aufl.). Springer.

WPGS (2020). *Motivierte Mitarbeiter: Eigenschaften.* (https://wpgs.de/fachtexte/motivation/motiviertemitarbeitereigenschaften/#Motivation_und_ Optimismus.

Pospeschill, M. (2010). *Testtheorie, Testkonstruktion, Testevaluation* (1. Aufl.). UTB GmbH.

Renner,B. & Weber,H. (2005). *Handbuch der Persönlichkeitspsychologie und Differenziellen Psychologie.* Hogrefe Verlag.

Rentzsch, K., Schütz, A., Leplow, B. & von Salisch, M. (2009). *Psychologische Diagnostik* (1. Aufl., Bd. 16). Kohlhammer.

Rieländer, M. (1997). *Gesundheit im Sinne der Weltgesundheitsorganisation* (WHO). Gesundheit & Psychologie im Internet. http://www.gesundheit psychologie.de/leitgedanken/gesundheit.html.

Sachse, R., Fasbender, J., Breil, J. & Sachse, M. (2021). *Klärungsorientierte Psychotherapie der histrionischen Persönlichkeitsstörung (Praxis der Psychotherapie von Persönlichkeitsstörungen),* (2., aktualisierte Auflage 2021 Aufl.). Hogrefe Verlag GmbH & Co.KG.

Schmitt, M. & Altstötter-Gleich, C. (2010). *Differentielle Psychologie und Persönlichkeitspsychologie kompakt* (1. Aufl.). Beltz Verlag.

Schütz, A. & Hoge, L. (2007). *Positives Denken: Vorteile - Risiken - Alternativen.* Kohlhammer Verlag.

Schwarzer, R. & Renner, B. (1997) *Gesundheitspsychologie.* Hogrefe Verlag

Skodol, A. (2018*). Persönlichkeitsstörungen im Überblick.* MSD Manual Profi-Ausgabe. https://www.msdmanuals.com/de-de/profi/psychische-st%C3%B6rungen/pers%C3%B6nlichkeitsst%C3%B6rungen/pers%C3%B6nlichkeitsst%C3%B6rungen-im-%C3%BCberblick

Skupinski, A. (2017). *Persönlichkeit - Lexikon der Psychologie.* psychomeda.de. https://www.psychomeda.de/lexikon/persoenlichkeit.html.

Stratow (2018). *PersonalEntwickeln.* Dt. Wirtschaftsdienst.

v.d. Linde, B. & Schustereit, S. (2010). *Personalauswahl: Schnell und sicher Top-Mitarbeiter,* Verlag Haufe

Vollmann, M. & Weber, H. (2005) *Gesundheitspsychologie.* IN: Psychologie – eine Einführung in die Grundlagen und Anwendungsfelder. Kohlhammer Verlag.

Wagner, E., Henz, K. & Kilian, H. (2016). *Persönlichkeitsstörungen* (1. Aufl., Bd. 6). Carl Hanser Verlag.

Weber, H. & Vollmann, M. (2005). *Gesundheitspsychologie.* In: Weber, H., Rammsayer, T. (Hrsg.), *Persönlichkeitspsychologie und Differentiellen Psychologie.* Hogrefe Verlag.

Weidner, J. (2017). *Optimismus: Warum manche weiter kommen als andere.* Campus Verlag.

Wirtz, M. A. (2017). *Klassifikation psychischer Störungen nach dem DSM-IV-TR* –Dorsch - Lexikon der Psychologie. https://dorsch.hogrefe.com/stichwort/klassifikation-psychischer-stoerungen-nach-dem-dsm-iv-tr.